Santos Reis

SANTOS POPULARES DO BRASIL

Santos Reis

Protetores dos viajantes

Copyright © Casa de Textos Sto. Antônio 2003

Concepção editorial   Marcelo Macca

Capa e projeto gráfico   Andréa Vilela de Almeida

Pesquisa e edição de imagens   Marcelo Macca e Andréa Vilela de Almeida

Imagem de capa   © Inés Zaragoza

Foto de capa   © Eduardo Borges / Souk

Imagem de quarta-capa   © Museu de Arte Sacra de São Paulo

Foto de quarta-capa   © Iatã Cannabrava

Preparação   Alícia Silveira

Revisão   Adriana Cristina Bairrada

Dados Internacionais de Catalogação na Publicação (CIP)
(Câmara Brasileira do Livro, SP, Brasil)

> Santos Reis : protetores dos viajantes / pesquisa e edição de imagens Marcelo Macca, Andréa Vilela de Almeida. — São Paulo: Editora Planeta do Brasil, 2003. — (Santos populares do Brasil)
>
> Bibliografia
> ISBN 85-89885-04-6
>
> 1. Devoções populares – Brasil 2. Folclore – Brasil 3. Santos Reis Magos I. Macca, Marcelo. II. Almeida, Andréa Vilela de. III. Série.

03-5874   CDD-232.923

Índices para catálogo sistemático:
1. Santos Reis Magos: Devoções populares: Cristianismo   232.923

2003
Todos os direitos desta edição reservados à
EDITORA PLANETA DO BRASIL
Al. Ministro Rocha Azevedo 346, 8º andar
01410-000 – São Paulo – SP

Ó de casa, nobre gente,
Escutai e ouvireis,
Lá das bandas do Oriente
São chegados os três Reis!

    Quadrinha popular

FUNDAÇÃO JOSÉ AUGUSTO
Fortaleza dos Reis Magos
PRAIA DO FORTE — NATAL

HORÁRIO DE VISITA
Das 8:00 às 16:30 h de Segunda a Domingo

INGRESSO
PÚBLICO - R$ 2,00

Sumário

Legenda   9

Perfil   17

História   18

Devoção   25

Festa   29

Oração   33

Poemas   34

Glossário   40

Créditos   41

Para saber mais   43

Agradecimentos   45

Legenda

ma vez, nos longes do Oriente, onde as águas turquesas do rio de Sabá atravessam as dunas douradas de Além-Pérsia, viviam doze reis em doze reinos contíguos. Eram homens justos e donos de grande sabedoria, e por isso eram chamados de Magos. Eles descendiam do antigo profeta Balaão, que muitos séculos antes dissera: "Uma Estrela se erguerá, e um Rei sairá de Israel".

Conta-se que essa profecia, feita havia tanto tempo, enchia de esperança o coração dos doze reis e de sua gente. E que, por isso, todo ano os doze se reuniam no topo da montanha mais alta de seus reinos e lá permaneciam por três dias, para observar o céu.

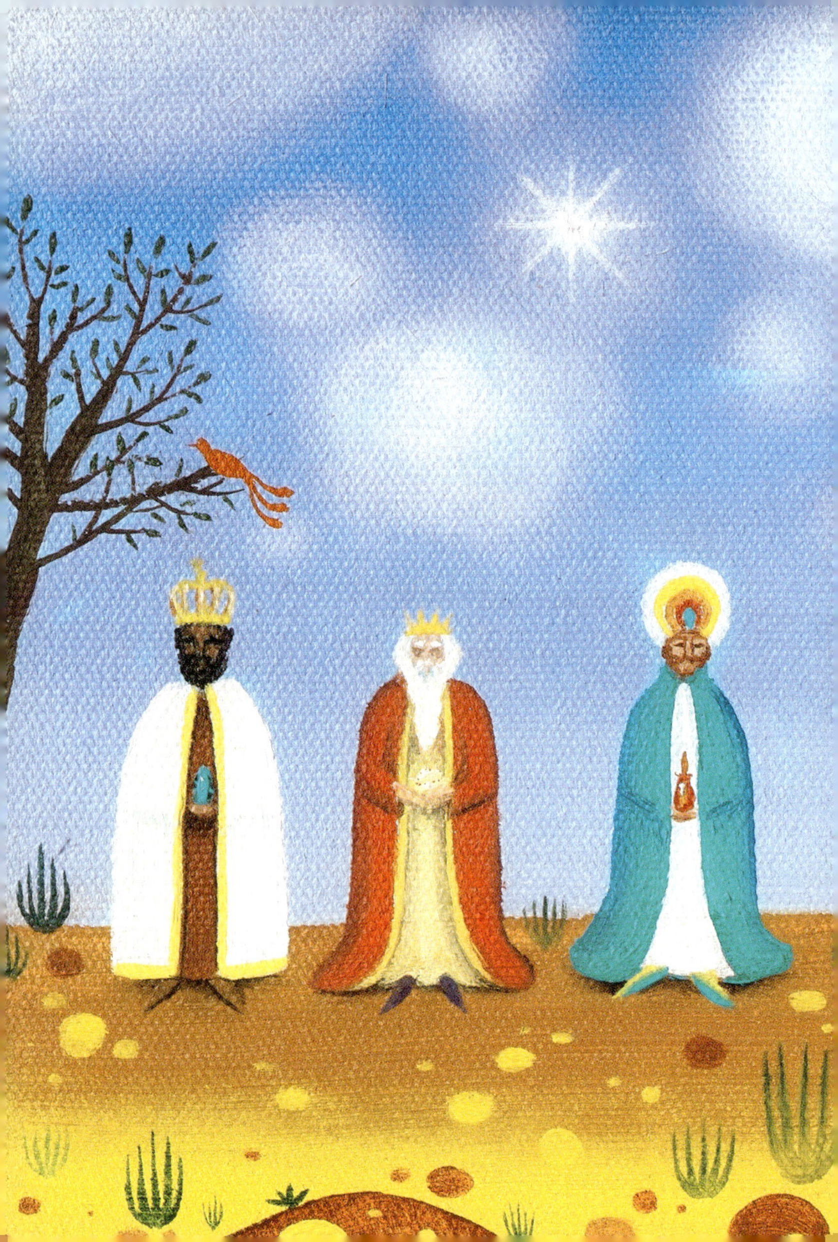

Se um deles morria, o filho mais velho assumia o seu lugar. E, assim, por gerações e gerações, todo ano os doze reis se encontravam para estudar os astros, à espera da estrela que viria.

Ocorreu que uma vez, enfim, estando os reis na montanha a fazer suas orações, o céu se transformou. Era o meio da noite — e fez-se dia.

Uma luz fortíssima fez sumir as estrelas todas, cegando por um instante os reis. E então, devagar, todo aquele brilho e resplendor concentrou-se numa grande estrela de inumeráveis pontas faiscantes, na direção do poente.

— A profecia se cumpriu — falou Melquior, o mais velho dos reis.

Os Magos choraram, emocionados. Passaram o resto da noite em oração e fazendo planos de ir homenagear o rei dos reis. Amanheceu, e a estrela ainda brilhava no céu, rival do sol.

Os doze reis haviam decidido que apenas três dentre eles fariam a viagem: Melquior, o mais velho, Gaspar, o mais novo, e Baltasar, cuja idade era a média da idade de todos os outros.

Recolheram-se então aos seus reinos, onde a gente se rejubilava nas ruas. Naquele mesmo dia, ao cair da tarde, reuniram-se novamente, e os três escolhidos para a viagem apresentaram as oferendas que levariam ao recém-nascido.

Melquior foi o primeiro. Tinha setenta anos, a barba e os cabelos brancos. Vestia uma túnica amarela, um manto cor de nácar e sandálias violetas.

— Meu presente será esta caixa de ouro — disse ele. — Pois, da mesma forma que o ouro excede todos os metais, assim o amor de Deus excede todas as virtudes — concluiu, e todos os outros reis aprovaram.

Baltasar foi o segundo. Era negro, tinha quarenta anos e uma barba escura e cerrada. Usava uma túnica vermelha e branca. Suas sandálias eram da cor da terra.

— Minha oferenda será a mirra, pois ela é o símbolo da humildade — começou. — Grande afronta seria, estando o nosso rei em carne de Menino, se não lhe oferecêssemos a penitência de nossas culpas — disse, e todos aprovaram.

Gaspar foi o terceiro. Era um jovem imberbe, de mais ou menos vinte anos, robusto e de cabelos acobreados. Seu traje era uma túnica azul, um manto cor do céu, calçado azul e branco e um turbante de várias cores.

— Eu levarei o incenso — disse —, pois este é o símbolo das orações feitas com devoção. Elas sobem ao céu como o fumo, e seu aroma agrada imensamente a Deus.

Os outros reis assentiram, movendo o queixo em sinal de aprovação.

E assim partiram os três reis, montados em três dromedários ricamente ajaezados, de pernas longas e fortes. Não havia vento, e os perfis dos coqueiros e das tamareiras se destacavam contra o poente dourado. Tudo estava silencioso, a não ser pelos cascos dos dromedários batendo na areia das dunas. Conforme escurecia, o céu ia ficando salpicado de pequenos e grandes brilhos. Mas nenhum chegava ao esplendor da estrela, o milagre ardendo no centro da noite.

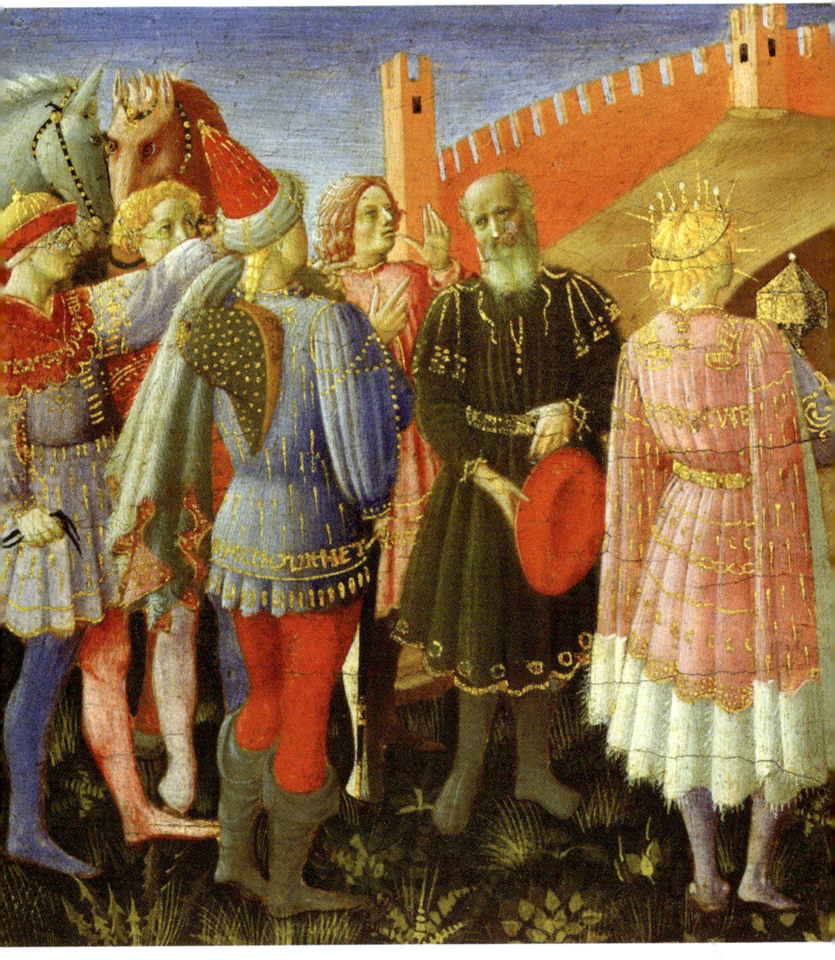

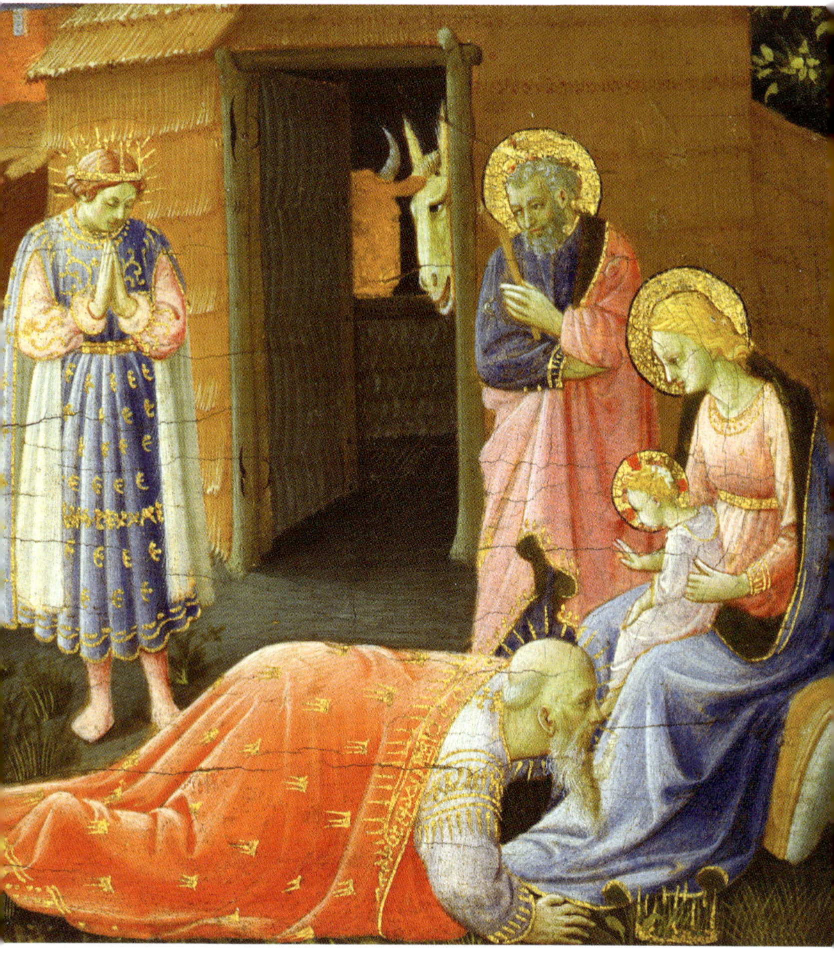

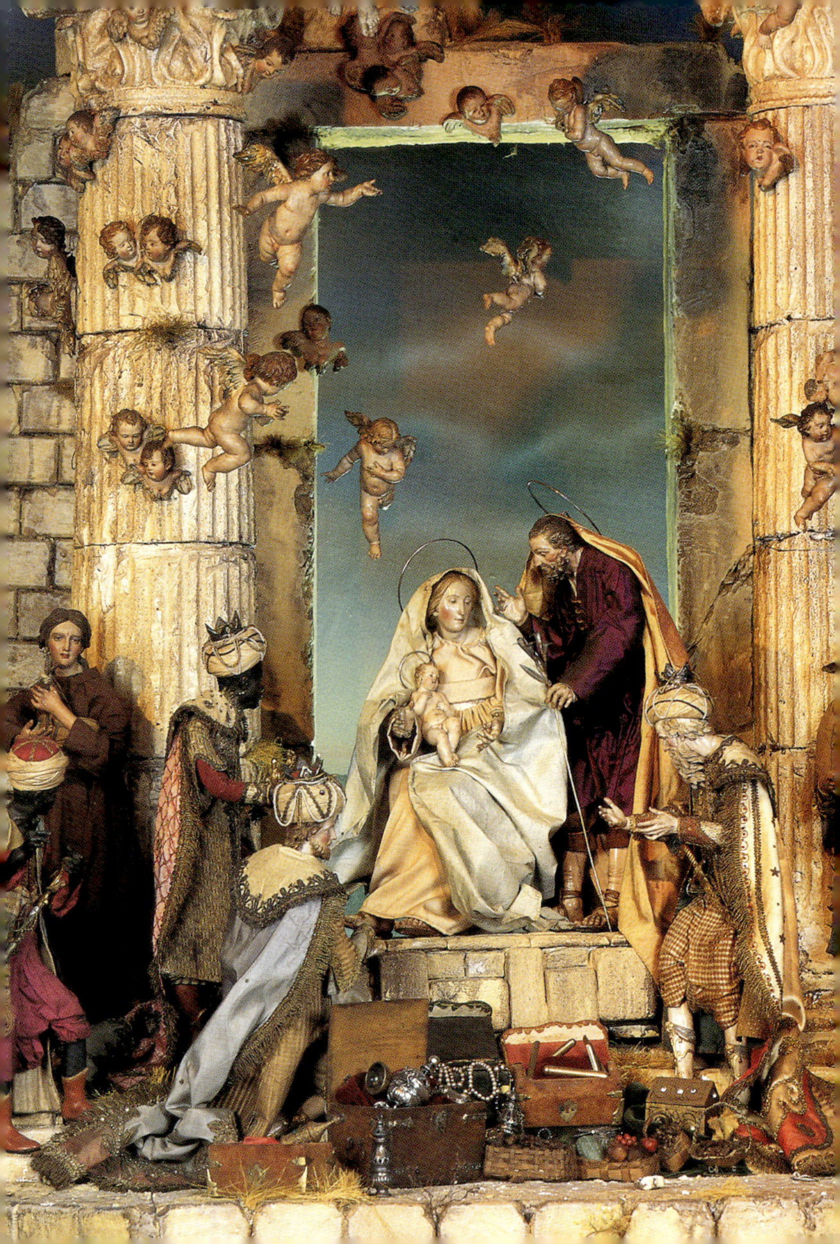

Perfil

SANTOS REIS

FESTA
6 de janeiro

PADROEIROS
Os santos Reis Magos protegem os viajantes e os romeiros.

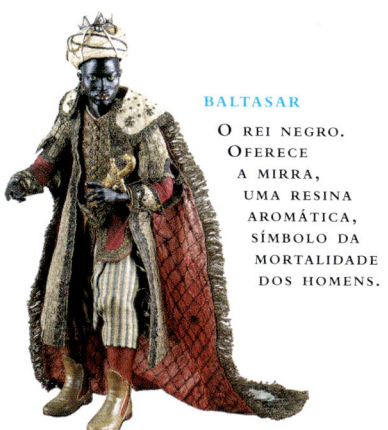

BALTASAR

O REI NEGRO. OFERECE A MIRRA, UMA RESINA AROMÁTICA, SÍMBOLO DA MORTALIDADE DOS HOMENS.

MELQUIOR
(OU BELCHIOR)

O MAIS VELHO, DE BARBAS BRANCAS. OFERECE O OURO, SÍMBOLO DA REALEZA ESPIRITUAL DO MENINO JESUS.

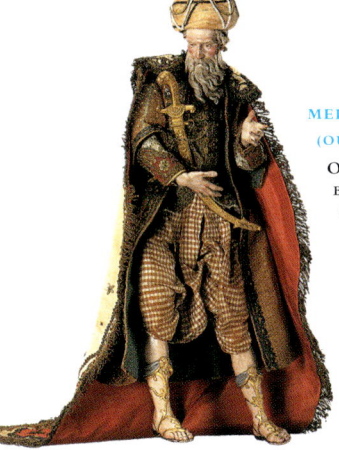

GASPAR

O MAIS JOVEM. OFERECE O INCENSO, SÍMBOLO DAS ORAÇÕES FEITAS COM DEVOÇÃO.

História

"Quando do nascimento do Senhor, foram a Jerusalém três magos, chamados em hebraico Apelio, Amerio e Damasco; em grego Galgalar, Malgalat e Sarathin; em latim Gaspar, Baltasar e Melquior", conta a *Legenda áurea*, livro sobre vidas de santos do século XIII. Os Magos eram reis e sucessores de Balaão, personagem do Antigo Testamento apontado como o autor da profecia: "Uma estrela se erguerá sobre Jacó e um Homem sairá de Israel".

Outra versão afirma que os Reis Magos pertenciam a um grupo de doze astrólogos que todos os anos se reuniam no alto de uma montanha, em diferentes meses, para observar o céu. Ficavam lá durante três dias, em oração, pedindo a Deus que lhes mostrasse a estrela anunciada. Uma noite, afinal, apareceu uma estrela mais brilhante do que todas as outras. Tinha a forma de um menino sobre cuja cabeça brilhava uma cruz. Maravilhados, os Magos ouviram uma voz dizer:

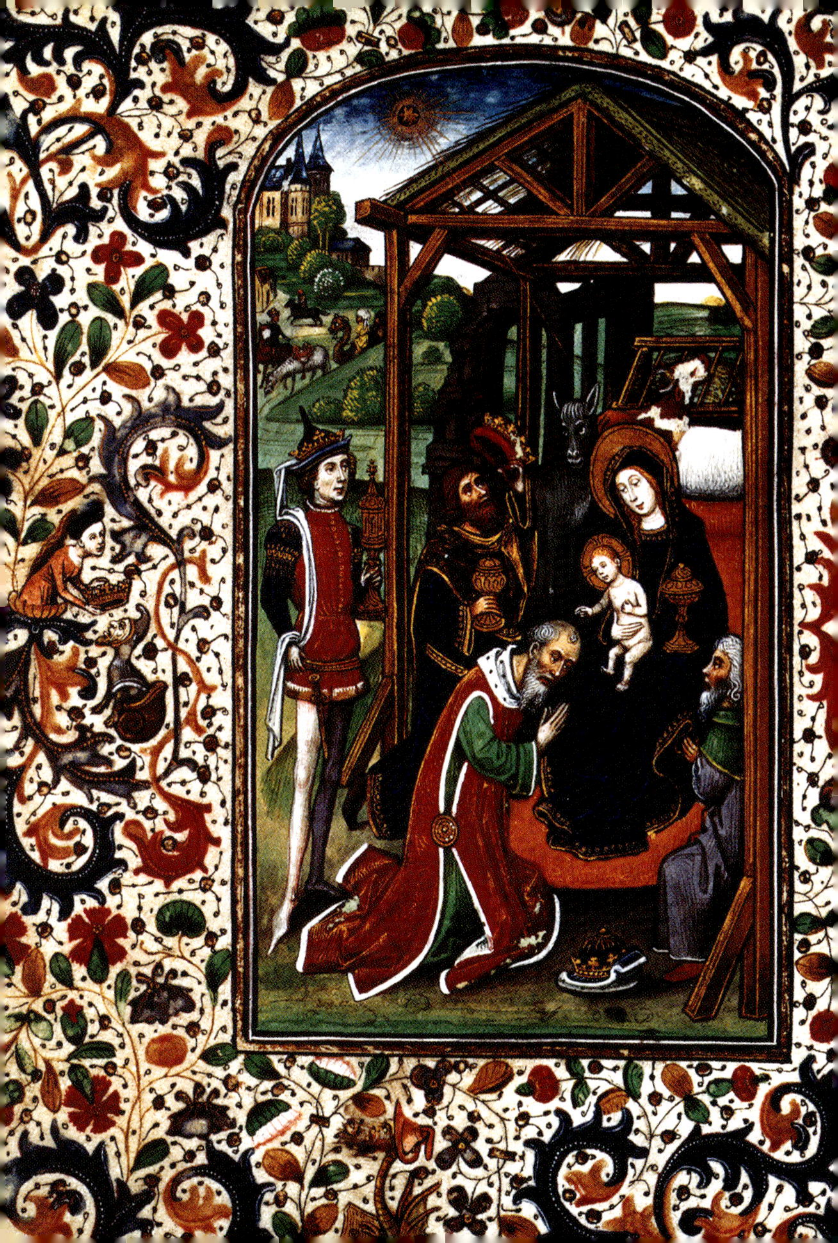

— Nasceram a Estrela e o Menino que vocês esperam.

Os doze Magos decidiram então que apenas três entre eles fariam a viagem. Foram escolhidos um jovem, um velho e um de meia-idade, de nomes Gaspar, Melquior e Baltasar.

Os três Reis Magos partiram e, depois de quase duas semanas de viagem, chegaram a Jerusalém. Quando entraram na cidade, a estrela desapareceu. Os Magos então indagaram ao povo sobre o lugar onde nascera o Cristo, o futuro rei dos judeus.

A pergunta logo chegou ao palácio do rei Herodes, que ficou muito inquieto, pois os romanos tinham decretado que nenhum deus ou rei fosse reconhecido sem permissão deles. Herodes chamou os chefes dos sacerdotes e procurou saber onde havia de nascer o Cristo. Eles responderam:

— Em Belém da Judéia, pois é isso que foi escrito pelo profeta.

Então, Herodes mandou chamar os três reis, revelou-lhes o lugar do nascimento do Cristo e pediu que, na volta, lhe trouxessem informações exatas sobre o Menino, para que ele também pudesse ir prestar-lhe homenagens.

Quando partiram, os Reis viram a estrela brilhando novamente no céu. Encontraram o Menino numa pequena gruta que servia de estábulo, entre pastores e animais. Sua mãe dava-lhe de mamar. Depois de se prostrarem e adorarem o Menino, revelaram os tesouros que haviam trazido e ofereceram-lhe o ouro, o incenso e a mirra.

Quando os Reis iniciaram a viagem de volta, não passaram por Jerusalém. Um anjo aparecera-lhes em sonho, pedindo que evitassem a cidade. O rei Herodes, percebendo que havia sido enganado, ordenou que todas as crianças de Belém fossem mortas. Esse episódio ficou conhecido como o *massacre dos inocentes*.

Na Bíblia, os santos reis aparecem apenas no Evangelho de são Mateus. Mas o evangelista não diz seus nomes nem menciona quantos eram. A tradição medieval deu-lhes os nomes que conhecemos hoje, elegendo-os como símbolos das três idades do homem e das três partes do mundo então conhecido: Europa, Ásia e África.

As relíquias dos Reis Magos encontram-se na catedral de Colônia, na Alemanha. Segundo a tradição, elas foram descobertas na Pérsia e levadas a Constantinopla por santa Helena, por volta do ano 326. No século V, foram transferidas para Milão e, de lá, em 1163, para a Alemanha.

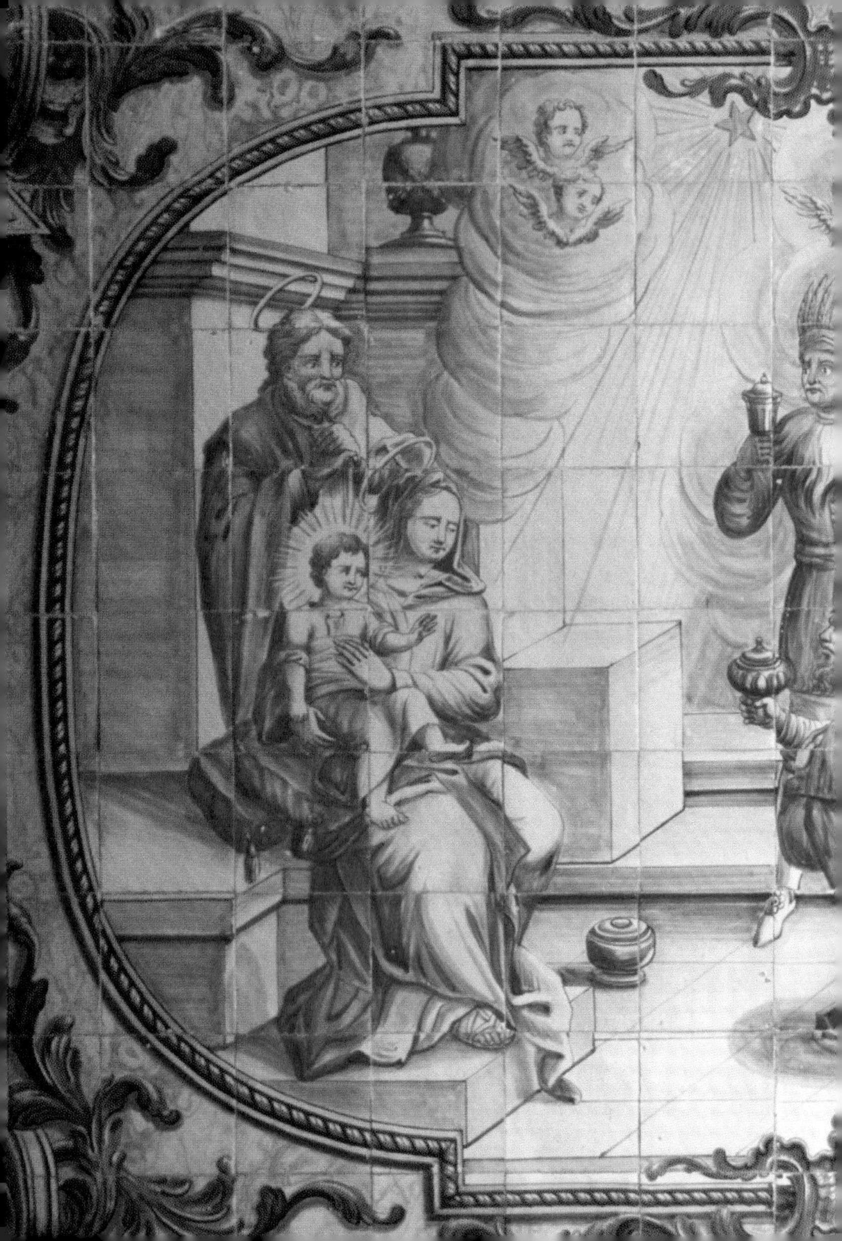

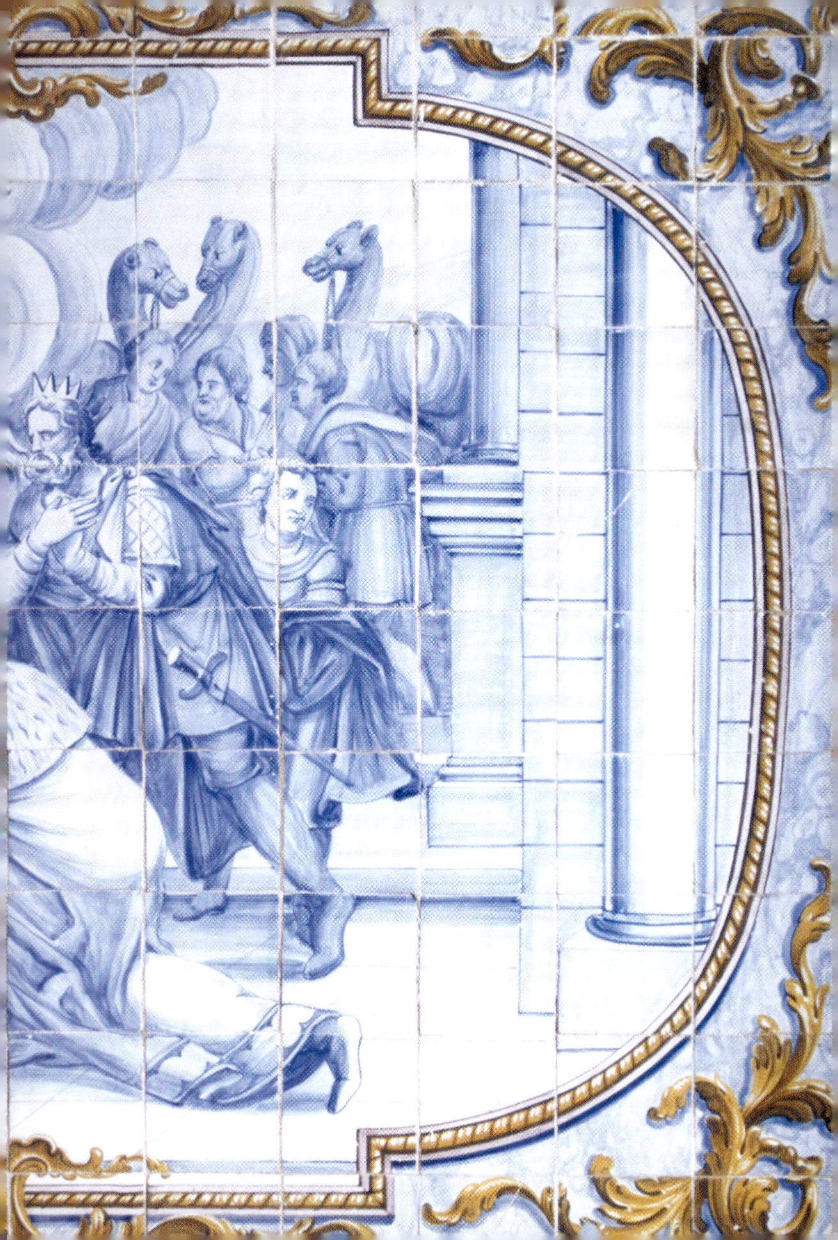

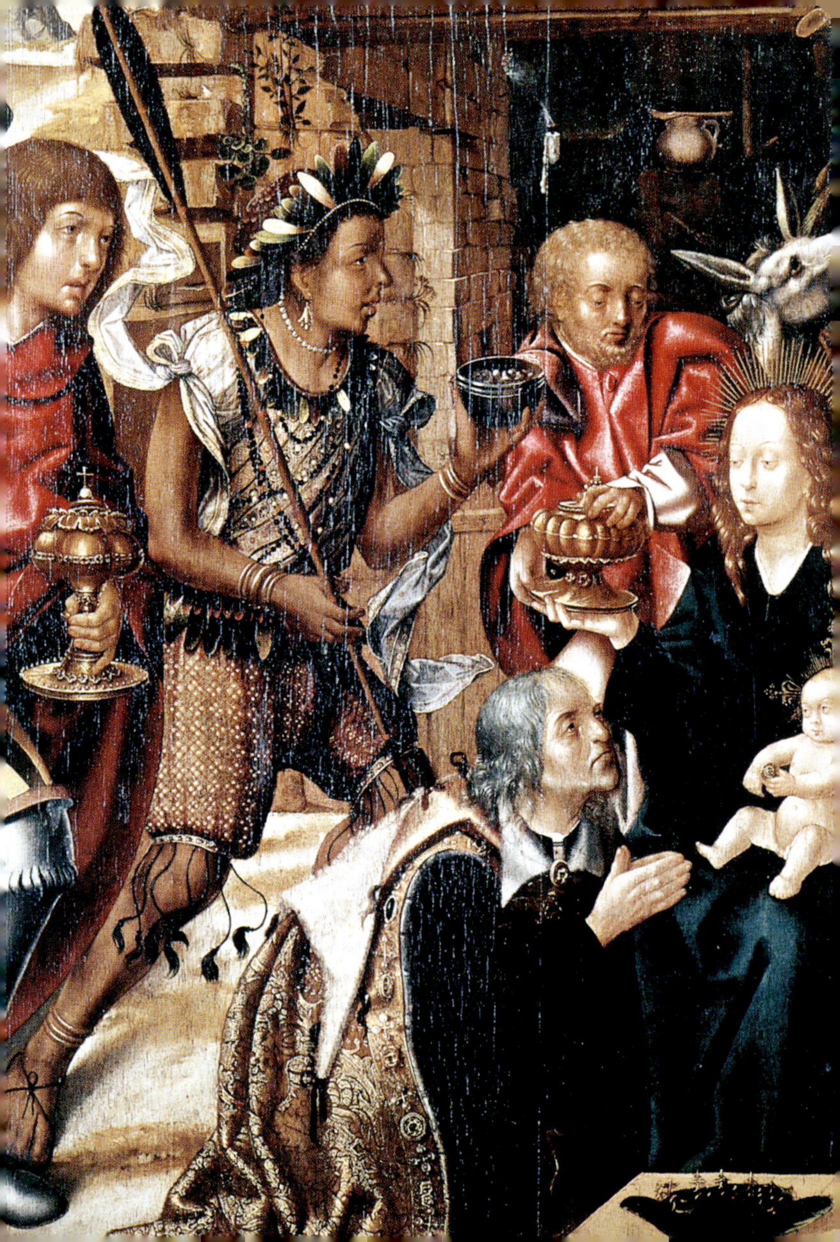

Devoção

Os santos reis não costumam ocupar os altares das igrejas. Seu lugar de devoção é o presépio, palavra que vem do latim *praesepe* e que quer dizer "estábulo" ou "curral". É uma tradição muito antiga entre os cristãos. Uma réplica da gruta de Belém já existia no século VII, em Roma, para abrigar as relíquias da manjedoura — cinco pedaços de madeira trazidos por romeiros da Terra Santa.

Porém, foi na Idade Média que a representação da Natividade se tornou realmente popular. São Francisco de Assis é considerado um de seus grandes divulgadores. No Natal de 1223, o santo resolveu encenar o nascimento de Cristo na floresta de Greccio, próximo a Assis, na Itália.

Com a ajuda de um amigo, construiu a manjedoura e agrupou em torno dela um burro, um boi, Maria, José e os pastores. Conta-se que, durante a missa que se seguiu, são Francisco foi visto segurando nos braços uma criança envolta num halo dourado.

A montagem do presépio a cada Natal tornou-se hábito nos conventos, nas igrejas e nas casas de famílias. Por volta do século XV, a devoção já havia conquistado todo o mundo cristão.

No Brasil, o costume chegou com as naus portuguesas. O padre Fernão Cardim (1549-1625), cronista dos primeiros anos da Colônia, menciona um presépio montado para o Natal de 1583: "Tivemos pelo Natal um devoto presépio na povoação, onde algumas vezes nos ajuntávamos com boa e devota música, e o irmão Barnabé nos alegrava com seu berimbau".

O presépio de dona Chiquinha

Numa crônica publicada no jornal *O Globo*, em 1961, o escritor João Guimarães Rosa relembra o presépio da casa de sua avó, dona Chiquinha, em Minas Gerais. Debaixo do "fino brilho suspenso das bolas de cores" da árvore de Natal, ficavam "o Menino na manjedoura, José e a Virgem, o burrinho e o boi, os pastores com seus surrões, dentro da gruta". E, em volta, toda a "geografia miudamente construída, que deslumbrava, à alma, os olhos do menino míope".

Vovó Chiquinha, "de coração exato e austero", proibia que os netos mexessem nas imagens. Os Santos Reis eram a exceção. Eles "regulavam-se à parte", tinham "a duração de personagens". No dia 24 de dezembro, começavam a peregrinação até Belém. "De dia em dia, deviam avançar um tanto, em sua estrada, branca na montanha. Cada um de nós, pequenos, queria o direito de pegar neles e mudá-los dos quotidianos centímetros", lembra o escritor. "O idoso e em barbas Melquior, Gaspar menos avelhado e ruivo, Baltasar, o preto — diversos mesmo naquele extraordinário orbe, com túnicas e turbantes e sobraçando as dádivas — um atrás do outro."

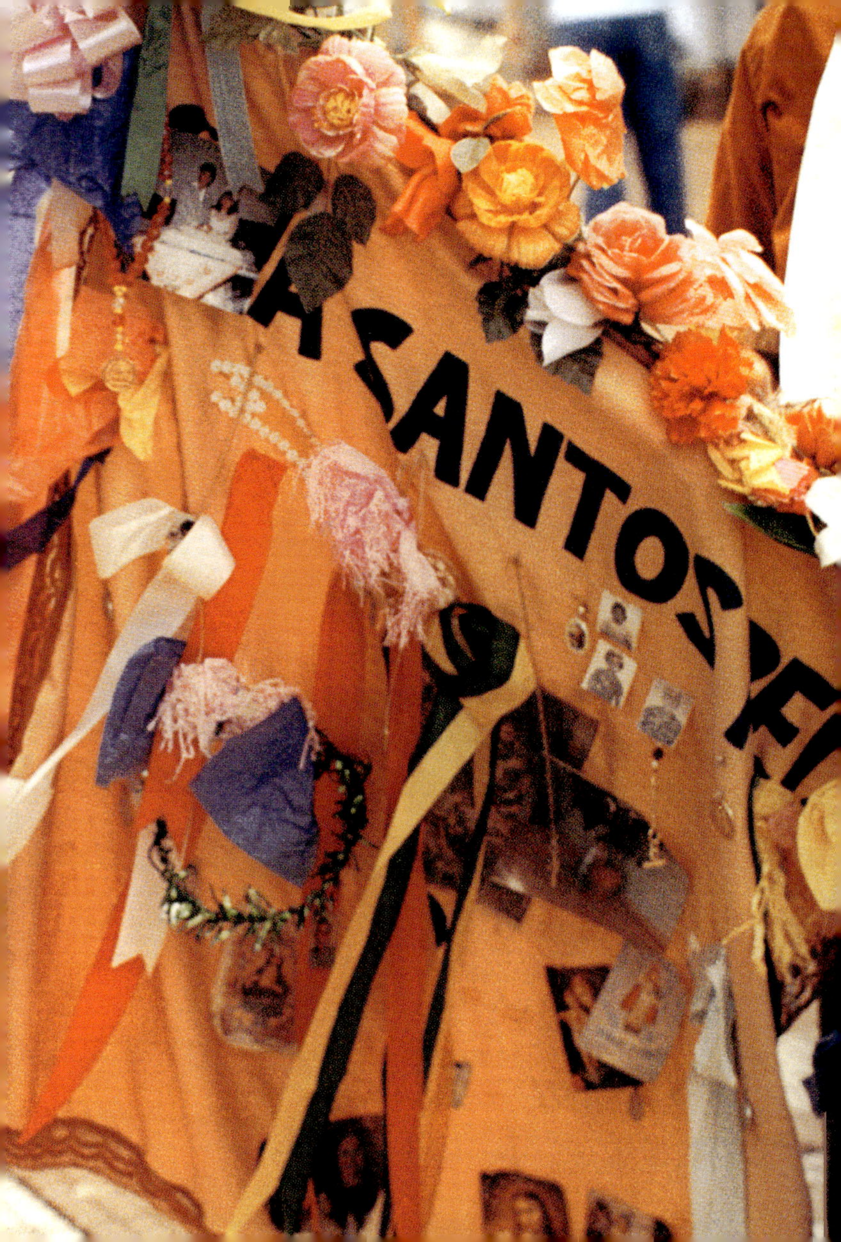
SANTOS

Festa

> *É noite, lá fora tem gente,*
> *ô menino, vá ver quem é.*
> *— É os treis Reis de Oriente*
> *na barquinha de Noé.*
>
> Cantoria de Reis

No dia 6 de janeiro, os Reis Magos chegam à gruta em Belém e adoram o Salvador do mundo. Jesus tinha treze dias de vida. Nesse dia, comemora-se a Festa de Reis ou a Epifania do Senhor. "Epifania" é uma palavra que vem do grego e quer dizer "aparecimento" ou "manifestação".

Em todo o Brasil, os dias que precedem a Epifania é o período das Folias de Reis, quando grupos de música visitam as casas dos devotos para reverenciar o presépio e pedir uma contribuição para sua festa.

As Folias são uma herança portuguesa. Elas têm vários personagens tradicionais, como o capitão, o alferes e os palhaços, que representam os soldados de Herodes, enviados para matar o Menino Jesus, e que costumam assustar as crianças durante a apresentação.

A Festa de Reis encerra o ciclo natalino. No dia 6, a árvore é desmontada e as imagens do presépio são guardadas até o próximo ano.

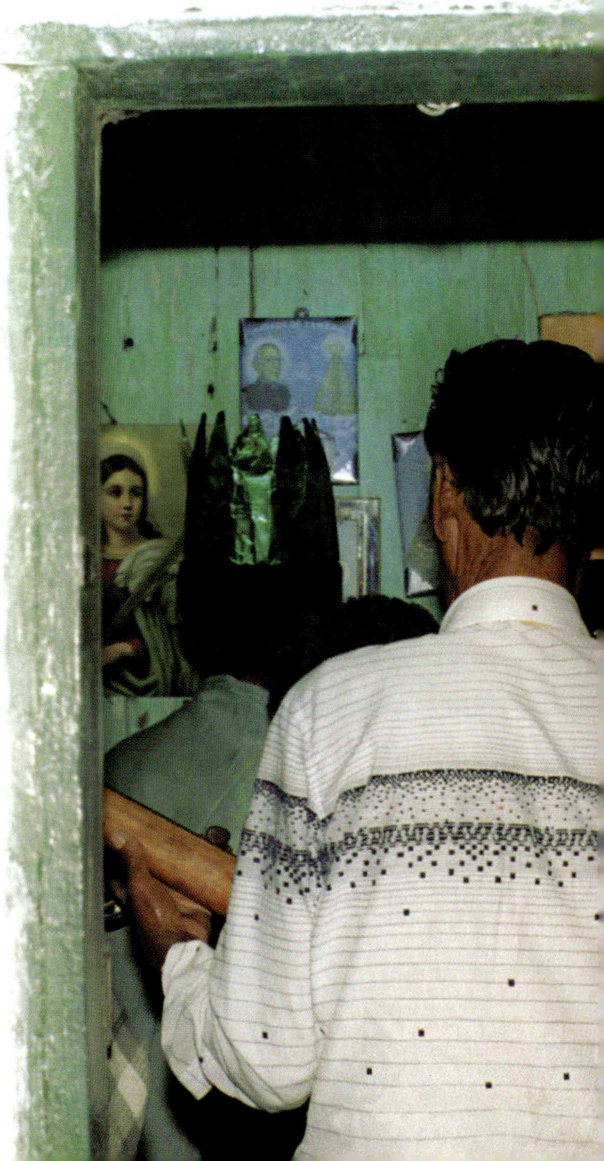

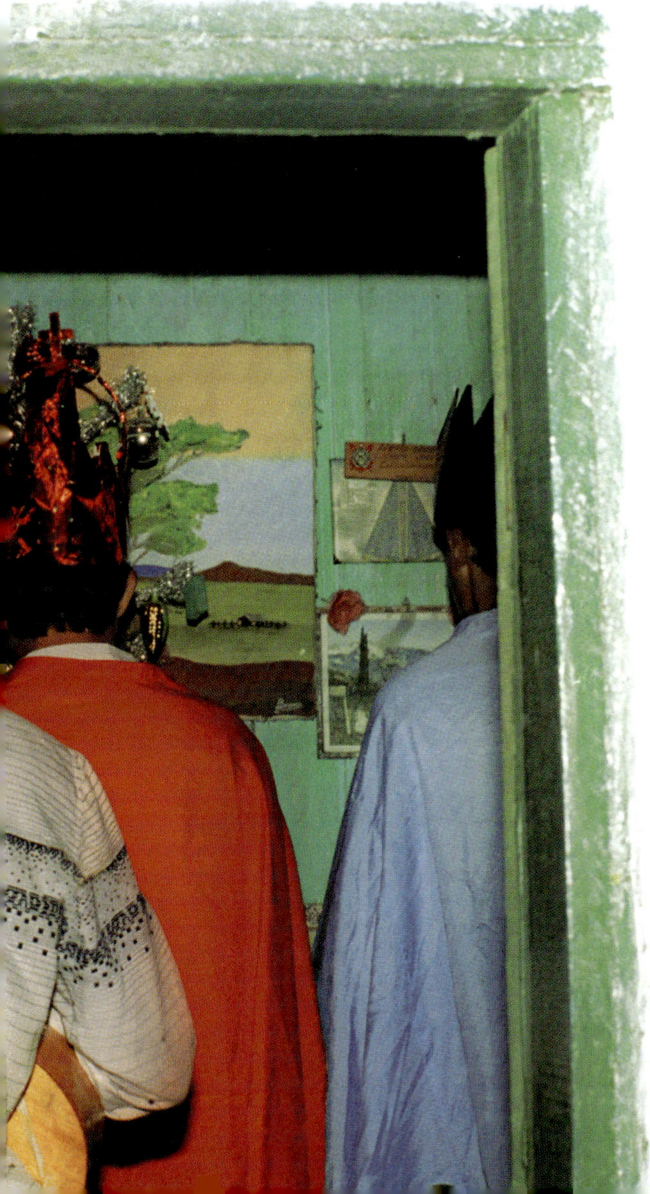

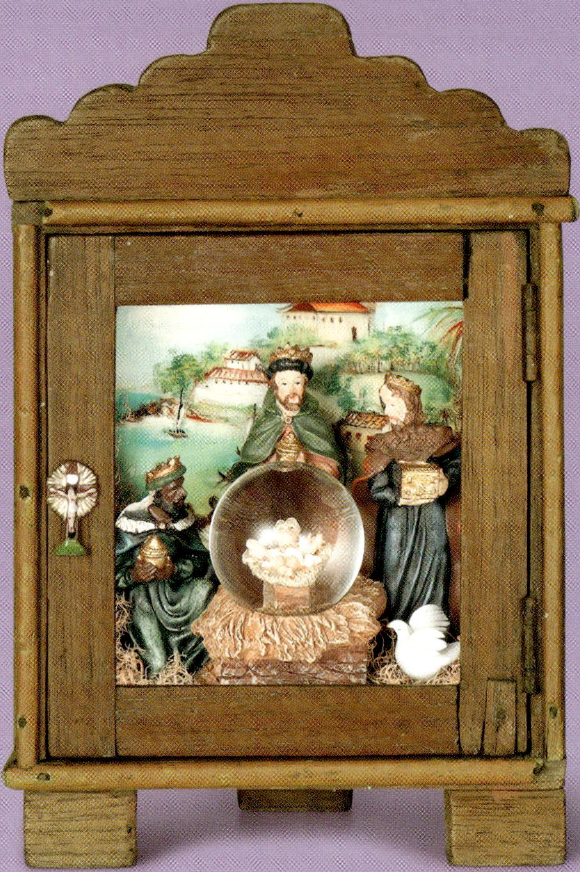

Oração

Ó, SANTOS REIS,
QUE FOSTES GUIADOS
PELA ESTRELA DO DIVINO PASTOR,
AJUDAI-NOS A REALIZAR OBRAS CLARAS
CONFORME O LUME DE VOSSA FÉ.
COMO A ESTRELA VOS ALUMIOU PELOS DESERTOS
SOPRANDO A BRASA DE VOSSOS CORAÇÕES,
ALUMIA NOSSA VISTA,
INFLAMA-NOS COM O FOGO DO AMOR.
AMÉM.

Poemas

Lapinha
Adélia Prado

Quando éramos pobres e eu menina
era assim o Natal em nossa casa:
quatro semanas antes
a palavra ADVENTO sitiava-nos,
domingo após domingo.
Comeríamos melhor naquele dia,
seríamos pouco usuais:
vinho, doces, paciência.
Porque o MENINO estremecia no feno
e nos compadecíamos de Deus até as lágrimas.
Olhando a manjedoura, o que eu sentia
— sem o arrimo de palavras —
era o que sinto ainda:
'o desejo de esbeltez será concretizado'.
À luz que não tolera excessos,
o musgo, a areia, a palha cintilavam,
a pedra. Eu cintilava.

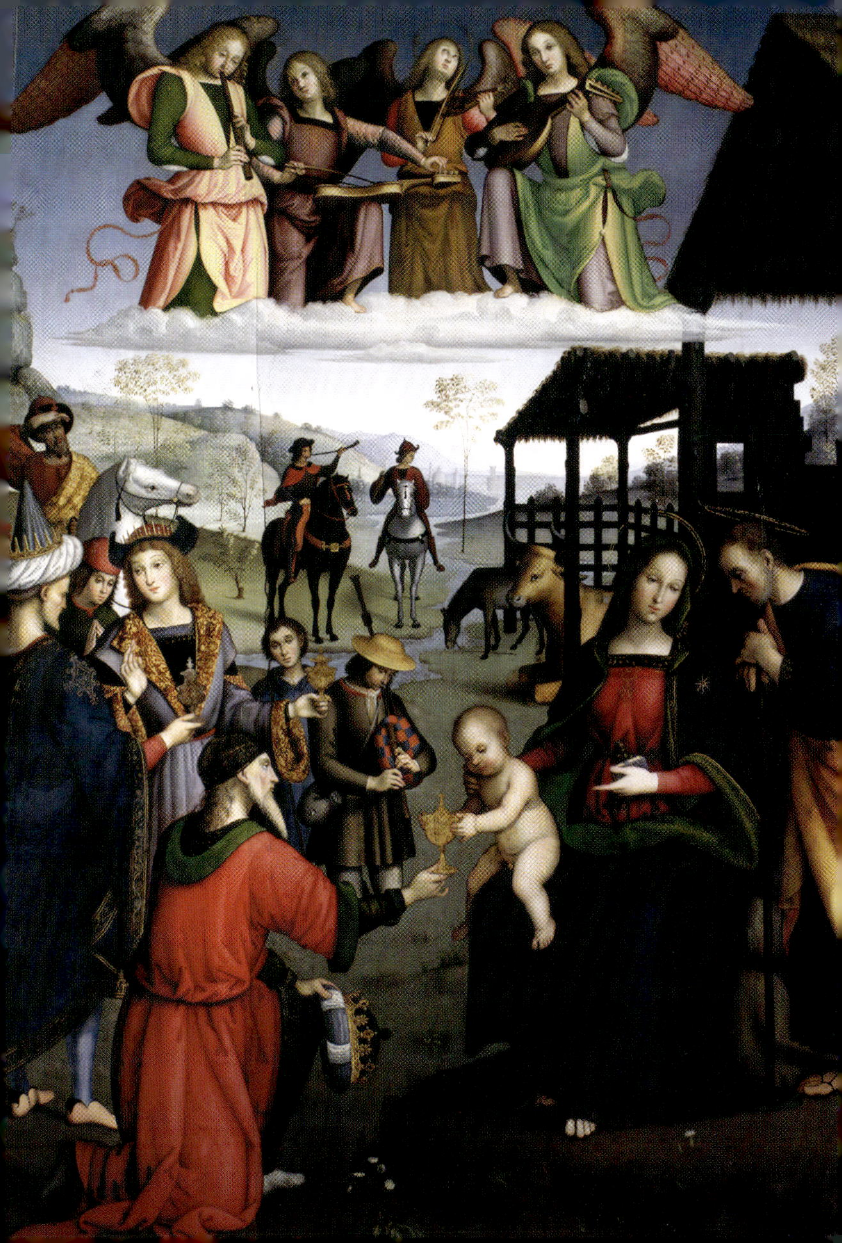

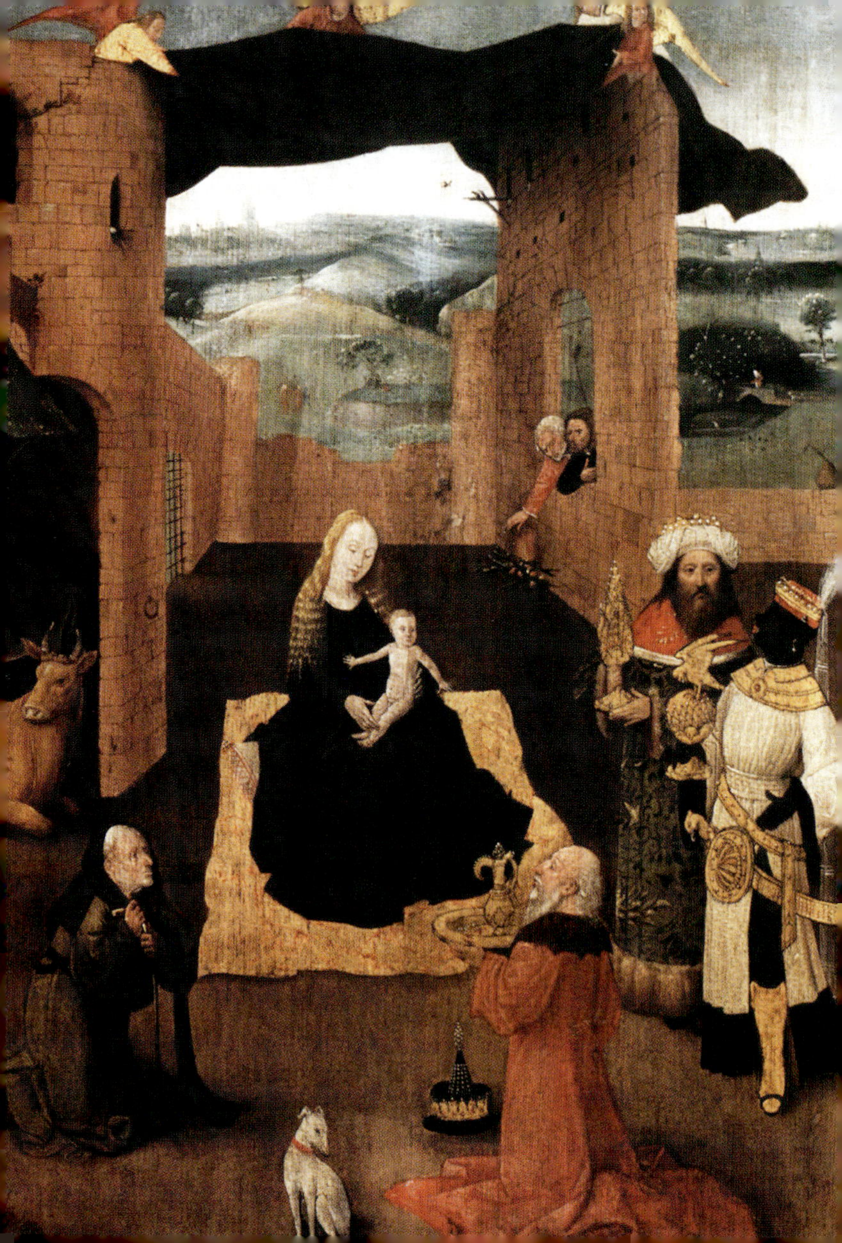

Folhinha

Adélia Prado

*A morte do escritor
não se quer resolver dentro de mim.
Mas não tenho gosto na infelicidade
e por isso busco meu caminho
como um verme sabe do seu, dentro da terra.
Muitas coisas me valem quando Deus fica estranho
e do que é mínimo, às vezes,
vem o desejado consolo.*
Informativo Popular Coração de Jesus
é o nome de um calendário de parede.
ABENÇOAI ESTE LAR *está escrito nele.*
*O coração sangra na estampa,
mas o rosto é doce, próprio a enternecer
as mulheres da cozinha, feito eu.
Toquem mal o piano, vou me deliciar
– nada é mesmo perfeito –
uma gota de mel desce em minha garganta.
No dia 8 de janeiro está escrito na folhinha:*
A FÉ GUIOU OS MAGOS – LUA NOVA AMANHÃ.
*Lua nova,
que nome mais bonito pra um consolo.*

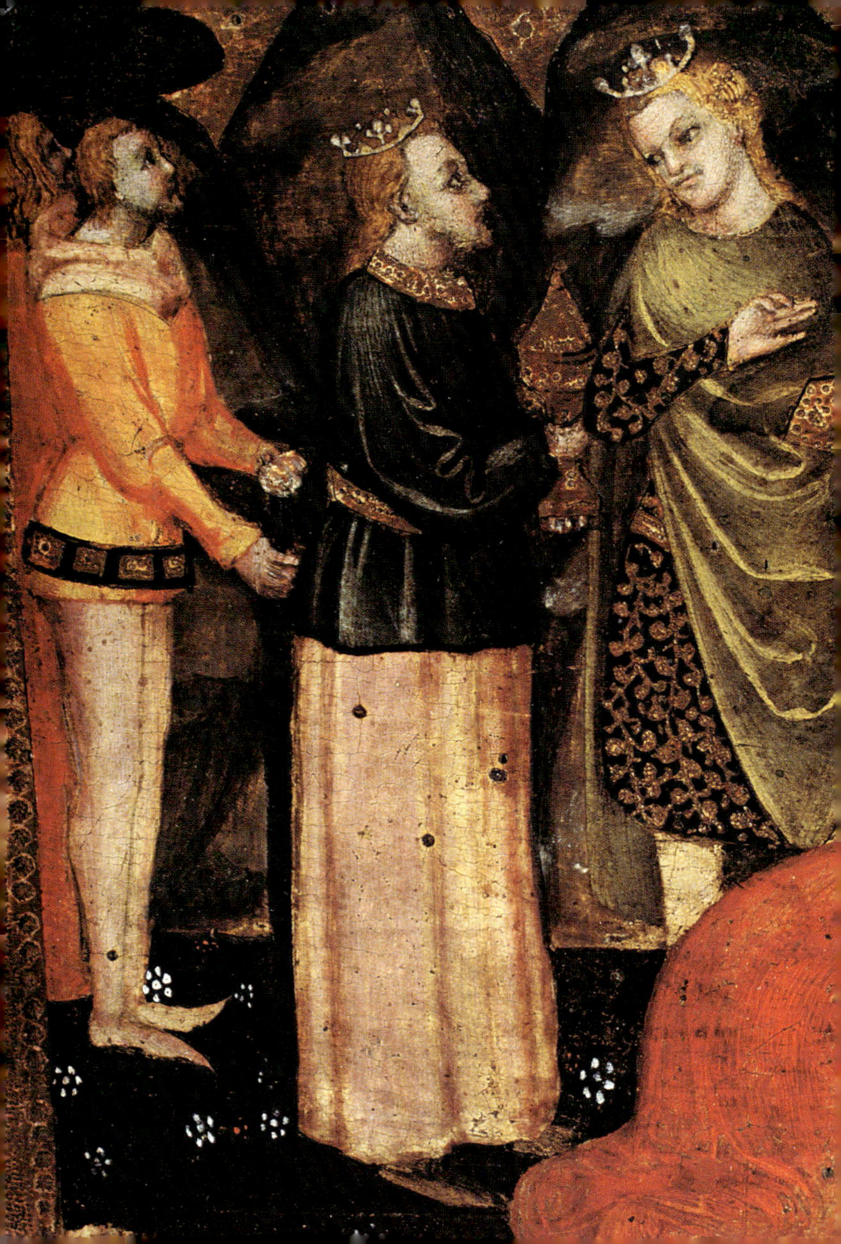

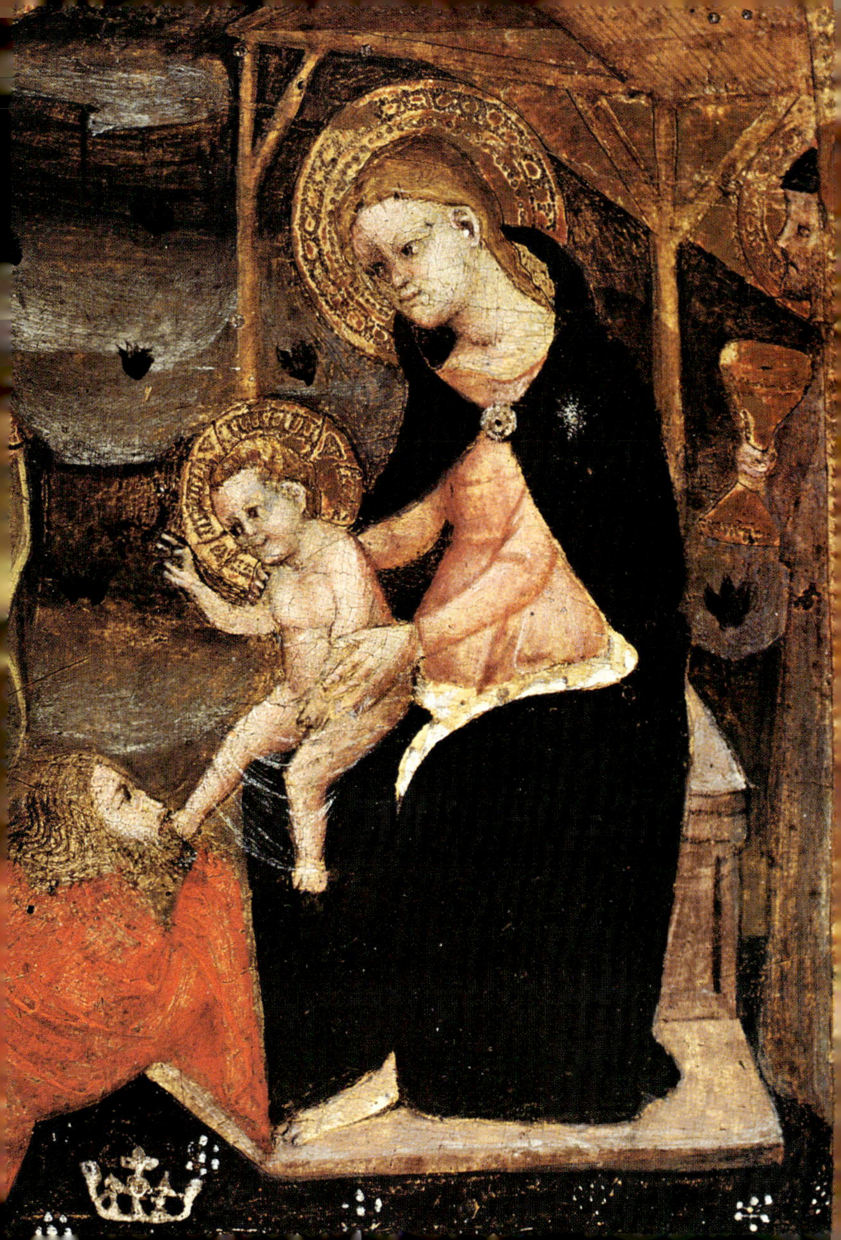

Glossário

Relíquias

As relíquias são os restos mortais de um santo ou os objetos que lhe pertenceram ou tiveram contato com seu corpo. São consideradas sagradas. Servem como instrumentos para a obtenção de graças e trazem mais confiança quando se pede a intercessão do santo.

Créditos

Poemas

Página 32: "Lapinha". © Prado de Freitas, Adélia Luzia. In: *Poesia reunida*. São Paulo, Editora Arx, 2002.

Página 34: "Folhinha". © Prado de Freitas, Adélia Luzia. In: *Poesia reunida*. São Paulo, Editora Arx, 2002.

Imagens

Página 6: Ingresso para a Fortaleza dos Reis Magos. Natal-RN.

Página 9: Capitular de santos Reis. © Alex Cerveny.

Página 10: "Santos Reis". Óleo sobre tela, 2003. © Alex Cerveny.

Páginas 14 e 15: "Adoração dos Magos", de Fra Angelico. Século XV. © Corbis/Stock Photos.

Página 16: "Presépio Napolitano", de Giuseppe Sammartino, Schettino e Celebrano, entre outros. Nápoles, século XVIII. © Museu de Arte Sacra de São Paulo. Foto de Iatã Cannabrava.

Página 17: "Mago Baltasar", "Mago Melquior" e "Mago Gaspar", de Giuseppe Sammartino. Nápoles. © Museu de Arte Sacra de São Paulo. Foto de Iatã Cannabrava.

Página 19: Adoração dos Reis Magos em Livro de Horas flamengo. Século XV. © Corbis/Stock Photos.

Páginas 22 e 23: Adoração dos Reis Magos em azulejos da igreja de Nossa Senhora do Rosário dos Pretos. Salvador-BA. © Jeremy Horner/Corbis/Stock Photos.

Página 24: "Adoração dos Magos", de Vasco Fernandes. Século XVI. O Rei Baltasar é um índio brasileiro, numa das primeiras representações de um índio na Europa. © Museu Grão-Vasco, Viseu, Portugal.

Página 28: Estandarte de Festa de Reis. Altinópolis-SP. © Andréa de Valentim/Cachuera.

Páginas 30 e 31: Reiada ou Festa de Reis. Cananéia-SP. © Andréa de Valentim/Cachuera.

Página 32: Relicário de Inés Zaragoza. Foto de Eduardo Borges/Souk.

Página 35: "Adoração dos Reis Magos", de Eusebio da San Giorgio. Século XV. © Corbis/Stock Photos.

Página 36: "Adoração dos Reis Magos", de Hieronymus Bosch. © Corbis/Stock Photos.

Páginas 38 e 39: "Adoração dos Reis Magos", atribuído a Paolo Serafin da Modena. Têmpera sobre madeira, 25 x 32 cm, terceiro quarto do século XIV. © Museu de Arte de São Paulo Assis Chateaubriand. Foto de Luiz Hossaka.

Página 46: Altar doméstico. © Roberto Linsker/Terra Virgem.

Para saber mais

Livros

CÂMARA CASCUDO, Luís da. *Dicionário do folclore brasileiro*. Rio de Janeiro, Instituto Nacional do Livro, 1962.

DAIX, Georges. *Dicionário dos santos do calendário romano e dos beatos portugueses*. Lisboa, Terramar, 2000.

FREYRE, Gilberto. "Santos e homens". In: *Pessoas, coisas & animais*. Edição especial, São Paulo, MPM Casabranca Propaganda, 1979.

QUEIRÓS, Eça de. *Vidas de santos*. Rio de Janeiro, Casa da Palavra, 2002.

ROSA, João Guimarães. "De stella et adventu magorum", In: *Ave, palavra*. Rio de Janeiro, José Olympio Editora, 1967.

ROSÁRIO, Padre Diogo do. *Flos sanctorum ou história das vidas de Christo e Sua Santíssima Mãe e dos santos e suas festas*. Lisboa, Typographia Universal, 1869.

SGARBOSSA, Mario e Giovannini, Luigi. *Um santo para cada dia*. São Paulo, Paulus, 1996.

TAHAN, Malba. *A estrela dos Reis Magos*. São Paulo, Saraiva, 1964.

VARAZZE, Jacopo de. *Legenda áurea: vidas de santos*. São Paulo, Companhia das Letras, 2003.

Site

www.amigosdopresepio.com — Clube Amigos do Presépio — História e imagens de presépios.

Agradecimentos

Agradecemos a todos os amigos, profissionais, empresas e instituições que colaboraram com este livro, entre eles:

Adélia Prado

Alex Cerveny

Cristiano Galdino de Oliveira

Editora Companhia das Letras

Iatã Cannabrava

Inés Zaragoza

Museu de Grão Vasco, Viseu, Portugal

Museu de Arte Sacra de São Paulo

Museu de Arte de São Paulo Assis Chateaubriand – MASP

Roberto Linsker

Sidney Haddad

Santa Luzia

SANTOS POPULARES DO BRASIL

O povo brasileiro trata seus santos com enorme familiaridade, observou uma vez o antropólogo Gilberto Freyre: "Liga-os aos seus doces, aos seus namoros, às suas comidas, aos seus bois, aos seus porcos, às suas lavouras, às suas festas mais alegres". Os santos populares no Brasil formam um panteão ao mesmo tempo lírico, doméstico e festivo. Conhecê-los é comungar com a alma do nosso país.

Títulos já publicados

Santo Expedito
Nossa Senhora Aparecida
Santa Luzia
Santos Reis
São Sebastião

Próximos lançamentos

São Jorge
Santa Edwiges
Santo Antônio

Este livro foi composto em Bembo por Pimenta Design e impresso pela R.R Donnelley América Latina sobre papel couchê 115g/m² da Cia. Suzano de Papel e Celulose. Editora Planeta do Brasil, novembro de 2003.